Les plus beaux poèmes d'amour

Les plus beaux poèmes d'amour

Anthologie présentée par Marie-Anne Jost

Introduction

Sur des monceaux de rose au calice embaumé
Il dormait. Un sourire sur sa bouche formé
L'entr'ouvrait mollement, et de jeunes abeilles
Venaient cueillir le miel de ses lèvres vermeilles.

« L'Amour endormi », André Chénier,
in *Poésies antiques* (1819)

Un prénom écrit sur la buée d'une vitre un soir d'automne, un cœur tracé dans la neige fraîche un matin d'hiver, deux initiales enlacées gravées dans l'écorce d'un chêne revivifié par le printemps, ou un premier baiser au goût de sel échangé sur une plage, l'été... La fraîcheur des premières amours ne s'oublie jamais. Dans un regard, dans une promesse, dans une étreinte ou une caresse, nous recherchons tous cette petite étincelle, l'ineffable secret. Le bonheur d'aimer et d'être aimé, comme la première fois. Qu'y a-t-il de plus touchant que de voir un vieil homme, au crépuscule de sa vie, contempler le visage de sa compagne avec la même douceur, le même amour, que cinquante ans plus tôt, lorsqu'elle lui a dit oui pour la première fois ?

Les amours enfantines, bucoliques, clandestines, contrariées, fatales ou éternelles sont l'une des sources d'inspiration les plus fécondes des artistes – musiciens, écrivains, peintres... ou poètes. Ce choix de poèmes parmi les plus beaux de la langue française invite le lecteur à cheminer sur la carte du Tendre, au fil des siècles. Car le sentiment amoureux exprimé dans un lai courtois de Marie de France au XIIe siècle, fût-il l'écho de la tragique passion de Tristan et Iseut, est bien différent des vers galants de Joachim du Bellay quatre siècles plus tard ou de l'exaltation du désir dans les poèmes de Charles Baudelaire au XIXe.

Ce recueil se propose de faire découvrir à côté de quelques-uns de nos plus grands poètes et d'autres auteurs peut-être moins connus, mais tout aussi remarquables.

Tous parlent ici d'une seule et même chose : l'amour. Platonique ou sensuel, déçu ou sublime, éphémère ou éternel. Mais toujours, leurs mots nous touchent intimement. La poésie a ce pouvoir d'éveiller en chacun de nous une sensibilité particulière et insoupçonnée. À travers les mots, entre les lignes, ces poètes nous dévoilent une part de leur petite étincelle à eux. Leur musique intérieure. Ils nous entrouvrent ainsi la porte de cet ineffable secret de la vie, l'amour.

À nous d'oser en goûter le sel !

Marie-Anne JOST

1

Premiers émois

Premiers regards, premiers baisers...

Pierre de Ronsard (1524-1585)

L'autre jour...

L'autre jour que j'étais sur le haut d'un degré,
Passant tu m'avisas et, me tournant la vue,
Tu m'éblouis les yeux, tant j'avais l'âme émue
De me voir en sursaut de tes yeux rencontré.

Ton regard dans le cœur, dans le sang m'est entré
Comme un éclat de foudre, alors qu'il fend la nue ;
J'eus de froid et de chaud la fièvre continue,
D'un si poignant regard mortellement outré.

Et si ta blanche main passant ne m'eût fait signe,
Main blanche qui se vante d'être fille d'un Cygne.
Je fusse mort, Hélène, aux rayons de tes yeux ;

Mais ton signe retint l'âme presque ravie,
Ton œil se contenta d'être victorieux,
Ta main se réjouit de me donner la vie.

(Les Amours, Sonnets pour Hélène, 1578)

FRANÇOIS TRISTAN L'HERMITE (V. 1601-1665)

L'extase d'un baiser

Au point que j'expirais, tu m'as rendu le jour
Baiser, dont jusqu'au cœur le sentiment me touche,
Enfant délicieux de la plus belle bouche
Qui jamais prononça les Oracles d'Amour.

Mais tout mon sang s'altère, une brûlante fièvre
Me ravit la couleur et m'ôte la raison ;
Cieux ! j'ai pris à la fois sur cette belle lèvre
D'un céleste Nectar et d'un mortel poison.

Ah ! mon Âme s'envole en ce transport de joie !
Ce gage de salut, dans la tombe m'envoie ;
C'est fait ! je n'en puis plus, Élise je me meurs.

Ce baiser est un sceau par qui ma vie est close :
Et comme on peut trouver un serpent sous des fleurs,
J'ai rencontré ma mort sur un bouton de rose.

(Les Vers héroïques, 1648)

VICTOR HUGO (1802-1885)

Mon bras pressait...

Mon bras pressait sa taille frêle
Et souple comme le roseau ;
Ton sein palpitait comme l'aile
    D'un jeune oiseau.

Longtemps muets, nous contemplâmes
Le ciel où s'éteignait le jour.
Que se passait-il dans nos âmes ?
    Amour ! Amour !

Comme un ange qui se dévoile,
Tu me regardais dans ma nuit,
Avec ton beau regard d'étoile
    Qui m'éblouit.

           (*Les Contemplations*, 1856)

❧

Hermina

J'atteignais l'âge austère où l'on est fort en thème,
Où l'on cherche, enivré d'on ne sait quel parfum,
Afin de pouvoir dire éperdument Je t'aime !
    Quelqu'un.

J'entrais dans ma treizième année. Ô feuilles vertes !
Jardins ! croissance obscure et douce du printemps !
Et j'aimais Hermina, dans l'ombre. Elle avait, certes,
    Huit ans.

Parfois, bien qu'elle fût à jouer occupée,
J'allais, muet, m'asseoir près d'elle, avec ferveur,
Et je la regardais regarder sa poupée,
     Rêveur.

Il est une heure étrange où l'on sent l'âme naître ;
Un jour, j'eus comme un chant d'aurore au fond du cœur.
Soit, pensai-je, avançons, parlons ! c'est l'instant d'être
     Vainqueur !

Je pris un air profond, et je lui dis : — Minette,
Unissons nos destins. Je demande ta main. –
Elle me répondit par cette pichenette :
     — Gamin !

(Toute la lyre, 1888)

ALFRED DE MUSSET (1810-1857)

Chanson de Fortunio

Si vous croyez que je vais dire
      Qui j'ose aimer,
Je ne saurais, pour un empire,
      Vous la nommer.

Nous allons chanter à la ronde,
      Si vous voulez,
Que je l'adore et qu'elle est blonde
      Comme les blés.

Je fais ce que sa fantaisie
      Veut m'ordonner,
Et je puis, s'il lui faut ma vie,
      La lui donner.

Du mal qu'une amour ignorée
      Nous fait souffrir,
J'en porte l'âme déchirée
      Jusqu'à mourir.

Mais j'aime trop pour que je die
      Qui j'ose aimer,
Et je veux mourir pour ma mie
      Sans la nommer.

               (*Poésies nouvelles*, 1835-1852)

Les accroche-cœurs

Ravivant les langueurs nacrées
De tes yeux battus et vainqueurs,
En mèches de parfums lustrées
Se courbent deux accroche-cœurs.

À voir s'arrondir sur tes joues
Leurs orbes tournés par tes doigts,
On dirait les petites roues
Du char de Mab fait d'une noix ;

Ou l'arc de l'Amour dont les pointes,
Pour une flèche à décocher,
En cercles d'or se sont rejointes
À la tempe du jeune archer.

Pourtant un scrupule me trouble,
Je n'ai qu'un cœur, alors pourquoi,
Coquette, un accroche-cœur double ?
Qui donc y pends-tu près de moi ?

(*Émaux et camées*, 1852)

Alphonse Daudet (1840-1898)

L'oiseau bleu

J'ai dans mon cœur un oiseau bleu,
Une charmante créature,
Si mignonne que sa ceinture
N'a pas l'épaisseur d'un cheveu.

Il lui faut du sang pour pâture
Bien longtemps je me fis un jeu
De lui donner sa nourriture :
Les petits oiseaux mangent peu.

Mais, sans rien en laisser paraître,
Dans mon cœur il a fait, le traître,
Un trou large comme la main.

Et son bec fin comme une lame,
En continuant son chemin,
M'est entré jusqu'au fond de l'âme !...

(Les Amoureuses, 1858)

CHARLES CROS (1842-1888)

Cueillette

C'était un vrai petit voyou,
Elle venait on ne sait d'où,
Moi, je l'aimais comme une bête,
Oh ! la jeunesse, quelle fête !

Un baiser derrière son cou
La fit rire et me rendit fou.
Sainfoin, bouton-d'or, pâquerette,
Surveillaient notre tête-à-tête.

La clairière est comme un salon
Tout doré ; les jaunes abeilles
Vont aux fleurs qui leur sont pareilles ;

Moi seul, féroce et noir frelon,
Qui baise ses lèvres vermeilles,
Je fais tache en ce fouillis blond.

(Le Collier de griffes, 1908)

Stéphane Mallarmé (1842-1898)

Apparition

La lune s'attristait. Des séraphins en pleurs
Rêvant, l'archet au doigt, dans le calme des fleurs
Vaporeuses, tiraient de mourantes violes
De blancs sanglots glissant sur l'azur des corolles.
– C'était le jour béni de ton premier baiser.
Ma songerie aimant à me martyriser
S'enivrait savamment du parfum de tristesse
Que même sans regret et sans déboire laisse
La cueillaison d'un rêve au cœur qui l'a cueilli.
J'errais donc, l'œil rivé sur le pavé vieilli
Quand avec du soleil aux cheveux, dans la rue
Et dans le soir, tu m'es en riant apparue
Et j'ai cru voir la fée au chapeau de clarté
Qui jadis sur mes beaux sommeils d'enfant gâté
Passait, laissant toujours de ses mains mal fermées
Neiger de blancs bouquets d'étoiles parfumées.

(*Poésies*, 1887)

15

PAUL VERLAINE (1844-1896)

A poor young shepherd

J'ai peur d'un baiser
Comme d'une abeille.
Je souffre et je veille
Sans me reposer.
J'ai peur d'un baiser !

Pourtant j'aime Kate
Et ses yeux jolis.
Elle est délicate,
Aux longs traits pâlis.
Oh ! que j'aime Kate !

C'est Saint-Valentin !
Je dois et je n'ose
Lui dire au matin...
La terrible chose
Que Saint-Valentin !

Elle m'est promise,
Fort heureusement !
Mais quelle entreprise
Que d'être un amant
Près d'une promise !

J'ai peur d'un baiser
Comme d'une abeille.
Je souffre et je veille
Sans me reposer :
J'ai peur d'un baiser !

(*Romances sans paroles*, 1874)

Initium

Les violons mêlaient leur rire au chant des flûtes
Et le bal tournoyait quand je la vis passer
Avec ses cheveux blonds jouant sur les volutes
De son oreille où mon Désir comme un baiser
S'élançait et voulait lui parler, sans oser.

Cependant elle allait, et la mazurque lente
La portait dans son rythme indolent comme un vers,
– Rime mélodieuse, image étincelante, –
Et son âme d'enfant rayonnait à travers
La sensuelle ampleur des yeux gris et verts.

Et depuis, ma Pensée – immobile – contemple
Sa splendeur évoquée, en adoration,
Et dans son Souvenir, ainsi que dans un temple,
Mon Amour entre, plein de superstition.

Et je crois que voici venir la Passion.

(Poèmes saturniens, 1866)

Arthur Rimbaud (1854-1891)

Rêvé pour l'hiver

À... Elle

L'hiver, nous irons dans un petit wagon rose
        Avec des coussins bleus.
Nous serons bien. Un nid de baisers fous repose
        Dans chaque coin moelleux.

Tu fermeras l'œil, pour ne point voir, par la glace,
        Grimacer les ombres des soirs,
Ces monstruosités hargneuses, populace
        De démons noirs et de loups noirs.

Puis tu te sentiras la joue égratignée...
Un petit baiser, comme une folle araignée,
        Te courra par le cou...

Et tu me diras : « Cherche ! » en inclinant la tête,
Et nous prendrons du temps à trouver cette bête
– Qui voyage beaucoup...

                    En wagon, le 7 octobre 1870.

                        (*Poésies*, 1870)

2

La passion

Un amour ardent

MARIE DE FRANCE (fin XIIe siècle)

Le lai du chèvrefeuille

C'est mon bon plaisir que je veuille
Dire « Le Lai du chèvrefeuille »
Et vous conter en vérité
Comme il fut fait, d'où il est né.
Plusieurs m'ont rapporté jadis,
Et je l'ai vu aussi écrit,
Le dit de la reine et Tristan
Qui s'aimèrent si bellement,
D'un amour de douleur si lourd
Qu'ils moururent au même jour.

Le roi Marc était furieux
Encontre Tristan, son neveu
Qui aimait la reine d'amour,
Et l'avait chassé de sa cour.
Dans son pays est-il allé.
En Galles où il était né

Un an il est resté souffrir
Sans jamais pouvoir revenir,
Puis il s'est livré à son sort,
À sa perdition, à sa mort.
N'en ayez pas d'étonnement
Car qui aime loyalement
Est bien dolent, bien malheureux
De n'avoir ce que son cœur veut.

Tristan est dolent et marri,
Et lors il quitte son pays.
En Cornouaille il va tout droit :
La reine vit en cet endroit.
Et, là, tout seul, dans la forêt,
Fuyant quiconque le verrait,
Il attend le soir pour sortir
Chercher qui veuille l'accueillir.
Des paysans, des pauvres gens,
Lui ont donné hébergement.
Près d'eux il s'enquiert aussitôt :
Que fait le roi, quoi de nouveau ?
Ils ont entendu rapporter
Que les barons sont tous mandés :
Ils vont venir à Tintagel
Pour la Pentecôte nouvelle
Car grand-fête va s'y tenir,
Il y aura joie et plaisir
Et la reine y sera aussi.
Tristan l'apprend et se réjouit.
Elle n'y pourra pas aller
Sans qu'il puisse la voir passer.
Au jour dit du départ du roi
Tristan est revenu au bois
Près du chemin de la forêt
Que le cortège emprunterait.
Occupant en deux un coudrier
Puis l'ouvrant en quatre quartiers
Dans l'écorce de ce bâton
Au couteau il grave son nom.
Si la reine en passant le voit

À ce signe comme autrefois
Elle saura que son ami
Pour elle seule l'y a mis,
Car jadis il est advenu
Qu'ainsi l'ait-elle reconnu.
Ce que dit d'un mot cet écrit
Ce qu'il lui mande et qu'il lui dit,
C'est que longtemps il est resté
Attendre et patiemment guetter
Jusqu'à parvenir à savoir
Le moyen de pouvoir la voir,
Car sans elle il n'a pas de vie.
Et lors tous deux sont-ils unis
Tel le chèvrefeuille enlacé
Avec le tendre coudrier :
Tant qu'il est étroitement pris
Autour du fût où il se lie,
Ensemble peuvent-ils durer,
Mais qu'on vienne à les séparer,
Le coudrier mourra bientôt
Et le chèvrefeuille aussitôt.
Or, belle amie, ainsi de nous :
Ni vous sans moi ni moi sans vous !

La reine s'en vient chevauchant.
Et, regardant vers le versant,
Voit le bâton, sait le connaître
Et bien en distinguer les lettres.
Aux chevaliers qui la menaient,
Et avec elle cheminaient,
Elle ordonne de s'arrêter
Car elle veut se reposer.
Ils font à son commandement.
Elle, s'éloignant de ses gens,
Appelle à elle sa suivante,
Braingain, fidèle et bien veillante.
S'écartant un peu de la voie,
Elle retrouve dans le bois
Celui qu'elle aime plus que tout
Et joie ont-ils, bonheur très doux.

Il lui parle tout à loisir,
Elle lui dit tout son plaisir,
Puis lui montre en quelle façon
Il obtiendra du roi pardon
Car, dit-elle, il a regretté
De l'avoir ainsi congédié
Sur délation et calomnie.
Lors, elle laisse son ami.
Mais au moment de se quitter,
Tous deux se mettent à pleurer.
Et Tristan s'en retourne en Galles
Attendre un mandement royal.

Et pour la joie qu'il avait eue
De son amie qu'il avait vue
Et pour ce qu'il avait écrit
Comme la reine l'avait dit,
Pour que les mots soient mémoriés,
Tristan qui savait bien harper
En fit jadis un nouveau lai.
D'un seul mot je le nommerai :
« Goatleaf » l'appellent les Anglais
Et « Chèvrefeuille » les Français.
Telle est l'histoire en vérité
Du lai que je vous ai conté.

[Traduction de Françoise Morvan, Librio n° 508]

Marguerite de Navarre (1492-1549)

Stances amoureuses

Nos deux corps sont en toi, je ne sers plus que d'ombre ;
Nos amis sont à toi, je ne sers que de nombre.
Las ! puisque tu es tout et que je ne suis rien,
Je n'ai rien, ne t'ayant ou j'ai tout au contraire.
Avoir et tout et rien, comment se peut-il faire ?
C'est que j'ai tous les maux et je n'ai point de bien.
[...]
J'ai un ciel de désir, un monde de tristesse,
Un univers de maux, mille feux de détresse,
Un Etna de sanglots et une mer de pleurs.
J'ai mille jours d'ennuis, mille nuits de disgrâce,
Un printemps d'espérance et un hiver de glace ;
De soupirs un automne, un été de chaleurs.

Clair soleil de mes yeux, si je n'ai ta lumière,
Une aveugle nuée ennuite ma paupière,
Une pluie de pleurs découle de mes yeux.
Les clairs éclairs d'Amour, les éclats de sa foudre,
Entrefendent mes nuits et m'écrasent en poudre :
Quand j'entonne mes cris, lors j'étonne les cieux.

Belle âme de mon corps, bel esprit de mon âme,
Flamme de mon esprit et chaleur de ma flamme,
J'envie à tous les vifs, j'envie à tous les morts.
Ma vie, si tu vis, ne peut être ravie,
Vu que ta vie est plus la vie de ma vie,
Que ma vie n'est pas la vie de mon corps !

Je vis par et pour toi, ainsi que pour moi-même ;
Je vis par et pour moi, ainsi que pour toi-même ;
Nous n'aurons qu'une vie et n'aurons qu'un trépas.
Je ne veux pas ta mort, je désire la mienne,
Mais ma mort est ta mort et ma vie est la tienne ;
Ainsi je veux mourir, et je ne le veux pas !...

(*Les Marguerites de la Marguerite
des Princesses*, 1547)

CLÉMENT MAROT (1496-1544)

De l'amoureux ardent

Au feu, qui mon cœur a choisi,
Jetez-y, ma seule Déesse,
De l'eau de grâce et de liesse,
Car il est consommé quasi.

Amour l'a de si près saisi,
Que force est qu'il crie sans cesse :
        Au feu !

Si par vous en est dessaisi,
Amour lui doit plus grand'détresse,
Si jamais sert autre maîtresse :
Doncques, ma Dame, courez-y
        Au feu.

(*L'Adolescence clémentine – Rondeaux*, 1532)

En toi je vis

En toi je vis ou que tu sois absente,
en moi je meurs, ou que soye présent.
Tant loin sois-tu, toujours tu es présente,
pour près que soie, encore suis-je absent.
Et si nature outragée se sent
de me voir vivre en toi trop plus qu'en moi,
le haut pouvoir qui, ouvrant sans émoi,
infuse l'âme en ce mien corps passible,
la prévoyant sans son essence en soi,
en toi l'étend comme en son plus possible

(*Délie*, 1544)

JOACHIM DU BELLAY (1522-1560)

Une froideur secrètement brûlante...

Une froideur secrètement brûlante
Brûle mon corps, mon esprit, ma raison,
Comme la paix anime le tison
Par une ardeur lentement violente.

Mon cœur, tiré d'une force alléchante
Dessous le joug d'une franche prison,
Boit à longs traits l'aigre-douce poison
Qui tous mes sens heureusement enchante.

Le premier feu de mon moindre plaisir
Fait haleter mon altéré désir,
Puis de nos cœurs la céleste androgyne.

Plus saintement vous oblige ma foi
Car j'aime tant cela que j'imagine
Que je ne puis aimer ce que je vois.

(*Sonnets de l'honnête amour*, 1552)

Louise Labé (v. 1524-1566)

Je vis, je meurs...

Je vis, je meurs ; je me brûle et me noie ;
J'ai chaud extrême en endurant froidure ;
La vie m'est et trop molle et trop dure ;
J'ai grands ennuis entremêlés de joie.

Tout à un coup je ris et je larmoie,
Et en plaisir maint grief tourment j'endure ;
Mon bien s'en va, et à jamais il dure ;
Tout en un coup je sèche et je verdoie.

Ainsi Amour inconstamment me mène ;
Et quand je pense avoir plus de douleur,
Sans y penser je me trouve hors de peine.

Puis quand je crois ma joie être certaine,
Et être au haut de mon désiré heur,
Il me remet en mon premier malheur.

(*Sonnets*, 1555)

Jean de La Fontaine (1621-1695)

Le lion amoureux

À Mademoiselle de Sévigné

Sévigné, de qui les attraits
Servent aux grâces de modèle,
Et qui naquîtes toute belle,
À votre indifférence près,
Pourriez-vous être favorable
Aux jeux innocents d'une Fable,
Et voir sans vous épouvanter
Un Lion qu'Amour sut dompter ?
Amour est un étrange maître.
Heureux qui peut ne le connaître
Que par récit, lui ni ses coups !
Quand on en parle devant vous,
Si la vérité vous offense,
La Fable au moins se peut souffrir :
Celle-ci prend bien l'assurance
De venir à vos pieds s'offrir,
Par zèle et par reconnaissance.
Du temps que les bêtes parlaient,
Les Lions, entre autres, voulaient
Être admis dans notre alliance.
Pourquoi non ? puisque leur engeance
Valait la nôtre en ce temps-là,
Ayant courage, intelligence,
Et belle hure outre cela.
Voici comment il en alla.
Un Lion de haut parentage,
En passant par un certain pré,
Rencontra Bergère à son gré :

Il la demande en mariage.
Le père aurait fort souhaité
Quelque gendre un peu moins terrible.
La donner lui semblait bien dur ;
La refuser n'était pas sûr ;
Même un refus eût fait possible
Qu'on eût vu quelque beau matin
Un mariage clandestin.
Car outre qu'en toute manière
La belle était pour les gens fiers,
Fille se coiffe volontiers
D'amoureux à longue crinière.
Le Père donc ouvertement
N'osant renvoyer notre amant,
Lui dit : Ma fille est délicate ;
Vos griffes la pourront blesser
Quand vous voudrez la caresser.
Permettez donc qu'à chaque patte
On vous les rogne, et pour les dents,
Qu'on vous les lime en même temps.
Vos baisers en seront moins rudes,
Et pour vous plus délicieux ;
Car ma fille y répondra mieux,
Étant sans ces inquiétudes.
Le Lion consent à cela,
Tant son âme était aveuglée !
Sans dents ni griffes le voilà,
Comme place démantelée.
On lâche sur lui quelques chiens :
Il fit fort peu de résistance.
Amour, amour, quand tu nous tiens
On peut bien dire : Adieu prudence.

(*Fables*, 1668-1694)

MOLIÈRE (1622-1673)

Stances galantes

Souffrez qu'Amour cette nuit vous réveille ;
Par mes soupirs laissez-vous enflammer ;
Vous dormez trop, adorable merveille,
Car c'est dormir que de ne point aimer.

Ne craignez rien ; dans l'amoureux empire
Le mal n'est pas si grand que l'on le fait
Et, lorsqu'on aime et que le cœur soupire,
Son propre mal souvent le satisfait.

Le mal d'aimer, c'est de vouloir le taire :
Pour l'éviter, parlez en ma faveur.
Amour le veut, n'en faites point mystère.
Mais vous tremblez, et ce dieu vous fait peur !

Peut-on souffrir une plus douce peine ?
Peut-on subir une plus douce loi ?
Qu'étant des cœurs la douce souveraine,
Dessus le vôtre Amour agisse en roi ;

Rendez-vous donc, ô divine Amarante !
Soumettez-vous aux volontés d'Amour ;
Aimez pendant que vous êtes charmante,
Car le temps passe et n'a point de retour.

(Stances)

ALFRED DE MUSSET (1810-1857)

Se voir le plus possible...

Se voir le plus possible et s'aimer seulement,
Sans ruse et sans détours, sans honte ni mensonge,
Sans qu'un désir nous trompe, ou qu'un remords nous
[ronge,
Vivre à deux et donner son cœur à tout moment ;

Respecter sa pensée aussi loin qu'on y plonge,
Faire de son amour un jour au lieu d'un songe,
Et dans cette clarté respirer librement –
Ainsi respirait Laure et chantait son amant.

Vous dont chaque pas touche à la grâce suprême,
C'est vous, la tête en fleurs, qu'on croirait sans souci,
C'est vous qui me disiez qu'il faut aimer ainsi.

Et c'est moi, vieil enfant du doute et du blasphème,
Qui vous écoute, et pense, et vous réponds ceci :
Oui, l'on vit autrement, mais c'est ainsi qu'on aime.

(*Poésies nouvelles*, 1835-1852)

GERMAIN NOUVEAU (1851-1920)

Amour

Je ne crains pas les coups du sort,
Je ne crains rien, ni les supplices,
Ni la dent du serpent qui mord,
Ni le poison dans les calices,
Ni les voleurs qui fuient le jour,
Ni les sbires ni leurs complices,
Si je suis avec mon Amour.

Je me ris du bras le plus fort,
Je me moque bien des malices,
De la haine en fleur qui se tord,
Plus caressante que les lices ;
Je pourrais faire mes délices
De la guerre au bruit du tambour,
De l'épée aux froids artifices,
Si je suis avec mon Amour.

Haine qui guette et chat qui dort
N'ont point pour moi de maléfices ;
Je regarde en face la mort,
Les malheurs, les maux, les sévices ;
Je braverais, étant sans vices,
Les rois, au milieu de leur cour,
Les chefs, au front de leurs milices,
Si je suis avec mon Amour.

Blanche Amie aux noirs cheveux lisses,
Nul Dieu n'est assez puissant pour
Me dire : « Il faut que tu pâlisses »,
Si je suis avec mon Amour.

(*Valentines*, 1922)

RENÉE VIVIEN (1877-1909)

À la bien-aimée

Vous êtes mon palais, mon soir et mon automne,
Et ma voile de soie et mon jardin de lys,
Ma cassolette d'or et ma blanche colonne,
Mon parc et mon étang de roseaux et d'iris.

Vous êtes mes parfums d'ambre et de miel, ma palme,
Mes feuillages, mes chants de cigales dans l'air,
Ma neige qui se meurt d'être hautaine et calme,
Et mes algues et mes paysages de mer.

Et vous êtes ma cloche au sanglot monotone,
Mon île fraîche et ma secourable oasis...
Vous êtes mon palais, mon soir et mon automne,
Et ma voile de soie et mon jardin de lys.

(*À l'heure des mains jointes*, 1906)

3

Les tourments des amants
Souffrances et déceptions

CHARLES D'ORLÉANS (1394-1465)

Ma seule amour...

Ma seule amour, ma joie et ma maîtresse,
Puisqu'il me faut loin de vous demeurer,
Je n'ai plus rien, à me réconforter,
Qu'un souvenir pour retenir liesse.

En alléguant, par Espoir, ma détresse,
Me conviendra le temps ainsi passer,
Ma seule amour, ma joie et ma maîtresse,
Puisqu'il me faut loin de vous demeurer.

Car mon cœur las, bien garni de tristesse,
S'en est voulu avecques vous aller,
Ne je ne puis jamais le recouvrer,
Jusque verrai votre belle jeunesse,
Ma seule amour, ma joie et ma maîtresse.

(Rondeaux)

Au tribunal d'amour, après mon dernier jour...

Au tribunal d'amour, après mon dernier jour,
Mon cœur sera porté diffamé de brûlures,
Il sera exposé, on verra ses blessures,
Pour connaître qui fit un si étrange tour,

À la face et aux yeux de la Céleste Cour
Où se prennent les mains innocentes ou pures ;
Il saignera sur toi, et complaignant d'injures
Il demandera justice au juge aveugle Amour :

Tu diras : C'est Vénus qui l'a fait par ses ruses,
Ou bien Amour, son fils : en vain telles excuses !
N'accuse point Vénus de ses mortels brandons,

Car tu les as fournis de mèches et flammèches,
Et pour les coups de trait qu'on donne aux Cupidons
Tes yeux en sont les arcs, et tes regards les flèches.

(L'Hécatombe à Diane)

PIERRE DE MARBEUF (V. 1596-V. 1645)

Et la mer et l'amour...

Et la mer et l'amour ont l'amer pour partage,
Et la mer est amère, et l'amour est amer,
L'on s'abîme en l'amour aussi bien qu'en la mer,
Car la mer et l'amour ne sont point sans orage.

Celui qui craint les eaux, qu'il demeure au rivage,
Celui qui craint les maux qu'on souffre pour aimer,
Qu'il ne se laisse pas à l'amour enflammer,
Et tous deux ils seront sans hasard de naufrage.

La mère de l'amour eut la mer pour berceau,
Le feu sort de l'amour, sa mère sort de l'eau,
Mais l'eau contre ce feu ne peut fournir des armes.

Si l'eau pouvait éteindre un brasier amoureux,
Ton amour qui me brûle est si fort douloureux,
Que j'eusse éteint son feu de la mer de mes larmes.

(*Recueil de vers*, 1628)

Le mari confesseur

Messire Artus sous le grand roi François
Alla servir aux guerres d'Italie ;
Tant qu'il se vit, après maints beaux exploits,
Fait chevalier en grand'cérémonie.
Son général lui chaussa l'éperon :
Dont il croyait que le plus haut baron
Ne lui dût plus contester le passage.
Si s'en revient tout fier en son village,
Où ne surprit sa femme en oraison.
Seule il l'avait laissée en oraison ;
Il la retrouve en bonne compagnie,
Dansant, sautant, menant joyeuse vie,
Et des muguets avec elle à foison.
Messire Artus ne prit goût à l'affaire ;
Et ruminant sur ce qu'il devait faire :
Depuis que j'ai mon village quitté,
Si j'étais crû, dit-il, en dignité
De cocuage et de chevalerie :
C'est moitié trop, sachons la vérité.
Pour ce s'avise, un jour de confrérie,
De se vêtir en prêtre, et confesser.
Sa femme vient à ses pieds se placer.
De prime abord sont par la bonne dame
Expédiés tous les péchés menus ;
Puis à leur tour les gros étant venus,
Force lui fut qu'elle changeât de gamme.
Père, dit-elle, en mon lit sons reçus
Un gentilhomme, un chevalier, un prêtre.
Si le mari ne se fût fait connaître,
Elle en allait enfiler beaucoup plus ;

Courte n'était pour sûr la kyrielle.
Son mari donc l'interrompt là-dessus ;
Dont bien lui prit : Ah, dit-il, infidèle !
Un prêtre même ! à qui crois-tu parler ?
À mon mari, dit la fausse femelle,
Qui d'un tel pas se sut bien démêler.
Je vous ai vu dans ce lieu vous couler,
Ce qui m'a fait douter du badinage.
C'est un grand cas qu'étant homme si sage,
Vous n'ayez su l'énigme débrouiller.
On vous a fait, dites-vous, chevalier :
Auparavant vous étiez gentilhomme :
Vous êtes prêtre avecque ces habits.
Béni soit Dieu ! dit alors le bon homme :
Je suis un sot de l'avoir si mal pris.

(Conte tiré des *Cent Nouvelles Nouvelles*, 1664)

CHARLES-MARIE LECONTE DE LISLE (1818-1894)

L'abeille

Sur le vert Hymette, Éros, un matin,
Dérobait du miel à la ruche attique,
Mais, voyant le Dieu faire son butin,
Une prompte abeille accourt et le pique.
L'enfant tout en pleurs, le Dieu maladroit,
S'enfuit aussitôt, souffle sur son doigt,
Et jusqu'à Kypris vole à tire-d'aile,
Oubliant son arc, rouge et courroucé :
— Ma mère, un petit serpent m'a blessé
Méchamment dit-il, de sa dent cruelle. –
Tel se plaint Éros, et Kypris en rit :
— Tu blesses aussi, mais nul n'en guérit ! –

(Odes anacréontiques[1]*)*

---

1. Anacréon était un poète grec (v. –570 - v. –655).

ALFRED DE MUSSET (1810-1857)

À Laure

Si tu ne m'aimais pas, dis-moi, fille insensée,
Que balbutiais-tu dans ces fatales nuits ?
Exerçais-tu ta langue à railler ta pensée ?
Que voulaient donc ces pleurs, cette gorge oppressée,
Ces sanglots et ces cris ?

Ah ! si le plaisir seul t'arrachait ces tendresses,
Si ce n'était que lui qu'en ce triste moment
Sur mes lèvres en feu tu couvrais de caresses
Comme un unique amant ;

Si l'esprit et les sens, les baisers et les larmes,
Se tiennent par la main de ta bouche à ton cœur,
Et s'il te faut ainsi, pour y trouver des charmes,
Sur l'autel du plaisir profaner le bonheur :

Ah ! Laurette ! ah ! Laurette, idole de ma vie,
Si le sombre démon de tes nuits d'insomnie
Sans ce masque de feu ne saurait faire un pas,
Pourquoi l'évoquais-tu, si tu ne m'aimais pas ?

(*Premières Poésies*, 1829-1835)

ALPHONSE ALLAIS (1854-1905)

Complainte amoureuse

Oui dès l'instant que je vous vis,
Beauté féroce, vous me plûtes.
De l'amour qu'en vos yeux je pris
Sur-le-champ vous vous aperçûtes.
Ah ! Fallait-il que vous me plussiez,
Qu'ingénument je vous le dise,
Qu'avec orgueil vous vous tussiez !
Fallait-il que je vous aimasse,
Que vous me désespérassiez,
Et qu'enfin je m'opiniâtrasse,
Et que je vous idolâtrasse,
Pour que vous m'assassinassiez.

4

Voyages amoureux

Aimer dans l'ailleurs, l'exotisme et le rêve

JAUFRÉ RUDEL (XIIe siècle)

Chanson de l'amour de loin

Lorsque les jours sont longs en mai
J'aime au loin le doux chant des oiseaux,
Et quand je suis parti de là
Il me souvient d'un amour lointain.
Alors je m'en vais, si morne et si pensif,
Que chants et fleurs d'aubépines
Ne me sont plus qu'hiver gelé.

En vérité je tiendrai pour Seigneur
Celui par qui je verrai mon amour lointain !
Mais pour un bien qu'il m'en échoit
J'en ai deux maux, puisqu'il est lointain.
Ah, je voudrais être pèlerin,
Pour que mon bâton et mon manteau
Puissent être vus de ses beaux yeux !

Je serai joyeux quand je lui demanderai,
Pour l'amour de Dieu, d'accueillir l'hôte lointain,
Et, s'il lui plaît, j'habiterai
Auprès d'elle, moi qui suis maintenant au loin.
Alors ce seront de doux entretiens
Quand l'ami lointain sera devenu si proche.
Les doux propos le soulageront de ses maux.

Triste et joyeux je quitterai,
Si jamais le rencontre, mon amour lointain...
Hélas ! je ne sais quand je verrai ma dame,
Car nos pays sont trop éloignés.
Entre eux il y a trop de passages et de chemins ;
Et je ne suis pas devin pour le savoir.
Mais qu'il en soit comme il plaît à Dieu !

Jamais d'amour je ne jouirai
Si je n'obtiens cet amour lointain !
Je n'en connais pas de plus noble, ni de meilleur
En nul endroit, ni près ni loin ;
Vraie et parfaite, elle est d'un tel prix
Que là-bas au pays des Sarrasins,
Pour elle, je voudrais être appelé captif !

Que Dieu qui fit tout ce qui bouge
Et qui créa cet amour lointain
Me donne le pouvoir – mon cœur le désire ! –,
Que je puisse un jour voir cet amour lointain,
Le voir en réalité, dans des lieux commodes
Et qu'ainsi la chambre et le jardin
Me soient en tout temps un palais.

Il dit vrai celui qui m'appelle avide
Et désireux d'amour lointain,
Car nulle autre joie ne me plaît autant
Que la jouissance d'amour lointain.
Mais ce que je veux m'est refusé !
Ainsi me dota mon parrain :
Que j'aime et ne sois pas aimé.

Ce que je veux m'est refusé...
Maudit le parrain qui a voué
Mon cœur à n'être pas aimé !

Traduction d'Estelle Doudet, Librio n°641

THÉOPHILE GAUTIER (1811-1872)

Cærulei Oculi

Une femme mystérieuse,
Dont la beauté trouble mes sens,
Se tient debout, silencieuse,
Au bord des flots retentissants.

Ses yeux, où le ciel se reflète,
Mêlent à leur azur amer,
Qu'étoile une humide paillette,
Les teintes glauques de la mer.

Dans les langueurs de leurs prunelles,
Une grâce triste sourit :
Les pleurs mouillent les étincelles
Et la lumière s'attendrit ;

Et leurs cils comme des mouettes,
Qui rasent le flot aplani,
Palpitent, ailes inquiètes,
Sur leur azur indéfini.

Comme dans l'eau bleue et profonde,
Où dort plus d'un trésor coulé,
On y découvre à travers l'onde
La coupe du roi de Thulé[1].

---

1. Thulé est le nom que les Grecs et les Romains ont donné à la terre la plus septentrionale du monde connue (située dans les environs des Shetland, de l'Islande ou d'une partie des côtes de Norvège).

Sous leur apparence verdâtre,
Brille parmi le goémon
L'autre perle de Cléopâtre
Près de l'anneau de Salomon.

La couronne au gouffre lancée
Dans la ballade de Schiller[1],
Sans qu'un plongeur l'ait ramassée,
Y jette encor son reflet clair.

Un pouvoir magique m'entraîne
Vers l'abîme de ce regard,
Comme au sein des eaux la sirène
Attirait Harald Harfagar.

Mon âme, avec la violence
D'un irrésistible désir,
Au milieu du gouffre s'élance
Vers l'ombre impossible à saisir.

Montrant son sein, cachant sa queue,
La sirène amoureusement
Fait ondoyer sa blancheur bleue
Sous l'émail vert d'un flot dormant.

L'eau s'enfle comme une poitrine
Aux soupirs de la passion ;
Le vent, de sa conque marine,
Murmure une incantation.

« Oh ! viens dans ma couche de nacre,
Mes bras d'onde t'enlaceront ;
Les flots, perdant leur saveur âcre,
Sur ta bouche, en miel couleront.

---

1. Il est fait référence ici à la célèbre ballade de Schiller (1759-1805),
« Der Taucher » (« le plongeur »).

« Laissant bruire sur nos têtes,
La mer qui ne peut s'apaiser,
Nous boirons l'oubli des tempêtes
Dans la coupe de mon baiser. »

Ainsi parle la voie humide
De ce regard céruléen,
Et mon cœur, sous l'onde perfide,
Se noie et consomme l'hymen.

(Émaux et camées, 1852)

CHARLES-MARIE LECONTE DE LISLE (1818-1894)

Les roses d'Ispahan

Les roses d'Ispahan dans leur gaine de mousse,
Les jasmins de Mossoul, les fleurs de l'oranger
Ont un parfum moins frais, ont une odeur moins douce,
Ô blanche Leïlah ! que ton souffle léger.

Ta lèvre est de corail, et ton rire léger
Sonne mieux que l'eau vive et d'une voix plus douce,
Mieux que le vent joyeux qui berce l'oranger,
Mieux que l'oiseau qui chante au bord d'un nid de mousse.

Mais la subtile odeur des roses dans leur mousse,
La brise qui se joue autour de l'oranger
Et l'eau vive qui flue avec sa plainte douce
Ont un charme plus sûr que ton amour léger !

Ô Leïlah ! depuis que de leur vol léger
Tous les baisers ont fui de ta lèvre si douce,
Il n'est plus de parfum dans le pâle oranger,
Plus de céleste arôme aux roses dans leur mousse.

L'oiseau, sur le duvet humide et sur la mousse,
Ne chante plus parmi la rose et l'oranger ;
L'eau vive des jardins n'a plus de chanson douce,
L'aube ne dore plus le ciel pur et léger.

Oh ! que ton jeune amour, ce papillon léger,
Revienne vers mon cœur d'une aile prompte et douce,
Et qu'il parfume encor les fleurs de l'oranger,
Les roses d'Ispahan dans leur gaine de mousse.

(*Poèmes tragiques*, 1884)

La chevelure

Ô toison, moutonnant jusque sur l'encolure !
Ô boucles ! Ô parfum chargé de nonchaloir !
Extase ! Pour peupler ce soir l'alcôve obscure
Des souvenirs dormant dans cette chevelure,
Je la veux agiter dans l'air comme un mouchoir !

La langoureuse Asie et la brûlante Afrique,
Tout un monde lointain, absent, presque défunt,
Vit dans tes profondeurs, forêt aromatique !
Comme d'autres esprits voguent sur la musique,
Le mien, ô mon amour ! nage sur ton parfum.

J'irai là-bas où l'arbre et l'homme, pleins de sève,
Se pâment longuement sous l'ardeur des climats ;
Fortes tresses, soyez la houle qui m'enlève !
Tu contiens, mer d'ébène, un éblouissant rêve
De voiles, de rameurs, de flammes et de mâts :

Un port retentissant où mon âme peut boire
À grands flots le parfum, le son et la couleur ;
Où les vaisseaux, glissant dans l'or et dans la moire,
Ouvrent leurs vastes bras pour embrasser la gloire
D'un ciel pur où frémit l'éternelle chaleur.

Je plongerai ma tête amoureuse d'ivresse
Dans ce noir océan où l'autre est enfermé ;
Et mon esprit subtil que le roulis caresse
Saura vous retrouver, ô féconde paresse !
Infinis bercements du loisir embaumé !

Cheveux bleus, pavillon de ténèbres tendues,
Vous me rendez l'azur du ciel immense et rond ;
Sur les bords duvetés de vos mèches tordues,
Je m'enivre ardemment des senteurs confondues
De l'huile de coco, du musc et du goudron.

Longtemps ! toujours ! ma main dans ta crinière lourde
Sèmera le rubis, la perle et le saphir,
Afin qu'à mon désir tu ne sois jamais sourde !
N'es-tu pas l'oasis où je rêve, et la gourde
Où je hume à longs traits le vin du souvenir ?

(*Les Fleurs du mal*, 1857)

❧

L'invitation au voyage

Mon enfant, ma sœur,
Songe à la douceur
D'aller là-bas vivre ensemble !
Aimer à loisir,
Aimer et mourir
Au pays qui te ressemble !
Les soleils mouillés
De ces ciels brouillés
Pour mon esprit ont les charmes
Si mystérieux
De tes traîtres yeux,
Brillant à travers leurs larmes.

Là, tout n'est qu'ordre et beauté,
Luxe, calme et volupté.

Des meubles luisants,
Polis par les ans,
Décoreraient notre chambre ;
Les plus rares fleurs
Mêlant leurs odeurs

Aux vagues senteurs de l'ambre,
       Les riches plafonds,
       Les miroirs profonds,
La splendeur orientale,
       Tout y parlerait
       À l'âme en secret
Sa douce langue natale.

Là, tout n'est qu'ordre et beauté,
Luxe, calme et volupté.

       Vois sur ces canaux
       Dormir ces vaisseaux
Dont l'humeur est vagabonde ;
       C'est pour assouvir
       Ton moindre désir
Qu'ils viennent du bout du monde.
       – Les soleils couchants
       Revêtent les champs,
Les canaux, la ville entière,
       D'hyacinthe et d'or ;
       Le monde s'endort
Dans une chaude lumière.

Là, tout n'est qu'ordre et beauté,
Luxe, calme et volupté.

                    (*Les Fleurs du mal*, 1857)

JOSÉ MARIA DE HEREDIA (1842-1905)

Le ravissement d'Andromède

D'un vol silencieux, le grand Cheval ailé
Soufflant de ses naseaux élargis l'air qui fume,
Les emporte avec un frémissement de plume
À travers la nuit bleue et l'éther étoilé.

Ils vont. L'Afrique plonge au gouffre flagellé,
Puis l'Asie... un désert... le Liban ceint de brume...
Et voici qu'apparaît, toute blanche d'écume,
La mer mystérieuse où vint sombrer Hellé.

Et le vent gonfle ainsi que deux immenses voiles
Les ailes qui, volant d'étoiles en étoiles,
Aux amants enlacés font un tiède berceau ;

Tandis que, l'œil au ciel où palpite leur ombre,
Ils voient, irradiant du Bélier au Verseau,
Leurs Constellations poindre dans l'azur sombre.

(*Les Trophées*, 1893)

Mon rêve familier

Je fais souvent ce rêve étrange et pénétrant
D'une femme inconnue, et que j'aime, et qui m'aime,
Et qui n'est, chaque fois, ni tout à fait la même
Ni tout à fait une autre, et m'aime et me comprend.

Car elle me comprend, et mon cœur transparent
Pour elle seule, hélas ! cesse d'être un problème
Pour elle seule, et les moiteurs de mon front blême,
Elle seule les sait rafraîchir, en pleurant.

Est-elle brune, blonde ou rousse ? – Je l'ignore.
Son nom ? Je me souviens qu'il est doux et sonore
Comme ceux des aimés que la Vie exila.

Son regard est pareil au regard des statues,
Et, pour sa voix, lointaine, et calme, et grave, elle a
L'inflexion des voix chères qui se sont tues.

(Poèmes saturniens, 1866)

5

L'empire des sens
Éros et le désir

LOUISE LABÉ (v. 1524-1566)

Baise m'encor...

Baise m'encor, rebaise-moi et baise ;
Donne m'en un de tes plus savoureux,
Donne m'en un de tes plus amoureux :
Je t'en rendrai quatre plus chauds que braise.

Las, te plains-tu ? ça que ce mal j'apaise,
En t'en donnant dix autres doucereux.
Ainsi mêlant nos baisers tant heureux
Jouissons-nous l'un de l'autre à notre aise.

Lors double vie à chacun en suivra.
Chacun en soi et son ami vivra.
Permets m'Amour penser quelque folie :

Toujours suis mal, vivant discrètement,
Et ne me puis donner contentement,
Si hors de moi ne fais quelque saillie.

(*Sonnets*, 1555)

PIERRE DE RONSARD (1524-1585)

Maîtresse, embrasse-moi...

Maîtresse, embrasse-moi, baise-moi, serre-moi,
Haleine contre haleine, échauffe-moi la vie,
Mille et mille baisers donne-moi, je te prie ;
Amour veut tout sans nombre, Amour n'a point de loi.

Baise et rebaise-moi ; belle bouche, pourquoi
Te gardes-tu, là-bas, quand tu seras blêmie,
À baiser de Pluton ou la femme ou l'amie,
N'ayant plus ni couleur, ni rien de semblable à toi ?

En vivant presse-moi de tes lèvres de roses ;
Bégaye en me baisant, à lèvres demi closes,
Mille mots tronçonnés, mourant entre mes bras.

Je mourrai dans les tiens, puis, toi ressuscitée,
Je ressusciterai ; allons ainsi là-bas ;
Le jour, tant soit-il court, vaut mieux que la nuitée.

(*Les Amours, Sonnets pour Hélène*, 1578)

VICTOR HUGO (1802-1885)

Elle était déchaussée...

Elle était déchaussée, elle était décoiffée,
Assise, les pieds nus, parmi les joncs penchants ;
Moi qui passais par là, je crus voir une fée,
Et je lui dis : Veux-tu t'en venir dans les champs ?

Elle me regarda de ce regard suprême
Qui reste à la beauté quand nous en triomphons,
Et je lui dis : Veux-tu, c'est le mois où l'on aime,
Veux-tu nous en aller sous les arbres profonds ?

Elle essuya ses pieds à l'herbe de la rive ;
Elle me regarda pour la seconde fois,
Et la belle folâtre alors devint pensive.
Oh ! comme les oiseaux chantaient au fond des bois !

Comme l'eau caressait doucement le rivage !
Je vis venir à moi, dans les grands roseaux verts,
La belle fille heureuse, effarée et sauvage,
Ses cheveux dans ses yeux, et riant au travers.

(Les Contemplations, 1856)

THÉOPHILE GAUTIER (1811-1872)

À une robe rose

Que tu me plais dans cette robe
Qui te déshabille si bien,
Faisant jaillir ta gorge en globe,
Montrant tout nu ton bras païen !

Frêle comme une aile d'abeille,
Frais comme un cœur de rose-thé,
Son tissu, caresse vermeille,
Voltige autour de ta beauté.

De l'épiderme sur la soie
Glissent des frissons argentés,
Et l'étoffe à la chair renvoie
Ses éclairs roses reflétés.

D'où te vient cette robe étrange
Qui semble faite de ta chair,
Trame vivante qui mélange
Avec ta peau son rose clair ?

Est-ce à la rougeur de l'aurore,
À la coquille de Vénus,
Au bouton de sein près d'éclore,
Que sont pris ces tons inconnus ?

Ou bien l'étoffe est-elle teinte
Dans les roses de ta pudeur ?
Non ; vingt fois modelée et peinte,
Ta forme connaît sa splendeur.

Jetant le voile qui te pèse,
Réalité que l'art rêve,
Comme la princesse Borghèse
Tu poserais pour Canova.

Et ces plis roses sont les lèvres
De mes désirs inapaisés,
Mettant au corps dont tu les sèvres
Une tunique de baisers.

(*Émaux et camées*, 1852)

CHARLES BAUDELAIRE (1821-1867)

Les bijoux

La très-chère était nue, et, connaissant mon cœur,
Elle n'avait gardé que ses bijoux sonores,
Dont le riche attirail lui donnait l'air vainqueur
Qu'ont dans leurs jours heureux les esclaves des Mores.

Quand il jette en dansant son bruit vif et moqueur,
Ce monde rayonnant de métal et de pierre
Me ravit en extase, et j'aime à la fureur
Les choses où le son se mêle à la lumière.

Elle était donc couchée et se laissait aimer,
Et du haut du divan elle souriait d'aise
À mon amour profond et doux comme la mer,
Qui vers elle montait comme vers sa falaise.

Les yeux fixés sur moi, comme un tigre dompté,
D'un air vague et rêveur elle essayait des poses,
Et la candeur unie à la lubricité
Donnait un charme neuf à ses métamorphoses ;

Et son bras et sa jambe, et sa cuisse et ses reins,
Polis comme de l'huile, onduleux comme un cygne,
Passaient devant mes yeux clairvoyants et sereins ;
Et son ventre et ses seins, ces grappes de ma vigne,

S'avançaient, plus câlins que les Anges du mal,
Pour troubler le repos où mon âme était mise,
Et pour la déranger du rocher de cristal
Où, calme et solitaire, elle s'était assise.

Je croyais voir unies par un nouveau dessin
Les hanches de l'Antiope au buste d'un imberbe,
Tant sa taille faisait ressortir son bassin.
Sur ce teint fauve et brun le fard était superbe !

– Et la lampe s'étant résignée à mourir,
Comme le foyer seul illuminait la chambre,
Chaque fois qu'il poussait un flamboyant soupir,
Il inondait de sang cette peau couleur d'ambre !

(Les Fleurs du mal, 1857)

PAUL VERLAINE (1844-1896)

Auburn

Tes yeux, tes cheveux indécis,
L'arc mal précis de tes sourcils,
La fleur pâlotte de ta bouche,
Ton corps vague et pourtant dodu,
Te donnent un air peu farouche
À qui tout mon hommage est dû.

Mon hommage, ah, parbleu ! tu l'as.
Tous les soirs, quels joie et soulas,
Ô ma très sortable châtaine,
Quand vers mon lit tu viens, les seins
Roides, et quelque peu hautaine,
Sûre de mes humbles desseins.

Les seins roides sous la chemise,
Fière de la fête promise
À tes sens partout et longtemps,
Heureuse de savoir ma lèvre,
Ma main, mon tout, impénitents
De ces péchés qu'un fol s'en sèvre !

Sûre de baisers savoureux
Dans le coin des yeux, dans le creux
Des bras et sur le bout des mammes,
Sûre de l'agenouillement
Vers ce buisson ardent des femmes
Follement, fanatiquement !

Et hautaine puisque tu sais
Que ma chair adore à l'excès
Ta chair et que tel est ce culte
Qu'après chaque mort, – quelle mort ! –
Elle renaît, dans quel tumulte !
Pour mourir encore et plus fort.

Oui, ma vague, sois orgueilleuse
Car radieuse ou sourcilleuse,
Je suis ton vaincu, tu m'as tien :
Tu me roules comme la vague
Dans un délice bien païen,
Et tu n'es pas déjà si vague ?

                              (*Parallèlement*, 1889)

Première soirée

« – Elle était fort déshabillée
Et de grands arbres indiscrets
Aux vitres jetaient leur feuillée
Malinement, tout près, tout près.

Assise sur ma grande chaise,
Mi-nue, elle joignait les mains,
Sur le plancher frissonnaient d'aise
Ses petits pieds si fins, si fins.

– Je regardai, couleur de cire,
Un petit rayon buissonnier
Papillonner dans son sourire
Et sur son sein, – mouche au rosier !

– Je baisai ses fines chevilles.
Elle eut un doux rire brutal
Qui s'égrenait en claires trilles,
Un joli rire de cristal...

Les petits pieds sous la chemise
Se sauvèrent : « Veux-tu finir ! ».
– La première audace permise,
Le rire feignait de punir !

– Pauvrets palpitants sous ma lèvre,
Je baisai doucement ses yeux :
– Elle jeta sa tête mièvre
En arrière : « Oh ! c'est encor mieux !... »

« Monsieur, j'ai deux mots à te dire... »
– Je lui jetai le reste au sein
Dans un baiser, qui la fit rire
D'un bon rire qui voulait bien...

– Elle était fort déshabillée
Et de grands arbres indiscrets
Aux vitres jetaient leur feuillée
Malinement, tout près, tout près.

(Les Cahiers de Douai, 1870)

ODILON-JEAN PÉRIER (1901-1928)

Ton visage est le mot de la nuit étoilée

Ton visage est le mot de la nuit étoilée
Un ciel obscur s'ouvre lentement dans tes bras
Où le plaisir plus vain que la flamme argentée
Comme un astre brisé brille et tremble tout bas.

Vivante, conduis-moi dans ce nocturne empire
Dont l'horizon mobile enferme notre amour.
Je touche un paysage ; il s'éclaire, il respire
Et prend quelque couleur sans attendre le jour.

Que de choses j'apprends au défaut de tes larmes
Sur le point de me perdre où tu m'as précédé,
Mais enfin je renonce à détourner tes armes.
Je reconnais un corps que je dois te céder.

Perdons-nous ! Parcourons cette courbe profonde
Que tes genoux légers ne me délivrent pas.
Que je sois seul au monde
Au moment de tes larmes.

Que la paix de l'amour commence sous nos pas.

(La Maison de verre)

6

La mort des amants

Amours fatales, amours perdues

Pierre de Ronsard (1524-1585)

Comme on voit sur la branche...

Comme on voit sur la branche, au mois de mai la rose,
En sa belle jeunesse, en sa première fleur,
Rendre le ciel jaloux de sa vive couleur,
Quand l'aube de ses pleurs au point du jour l'arrose ;

La Grâce sans sa feuille, et l'amour se repose,
Embaumant les jardins et les arbres d'odeur ;
Mais, battue ou de pluie ou d'excessive ardeur,
Languissante elle meurt, feuille à feuille déclose.

Ainsi, en ta première et jeune nouveauté,
Quand la Terre et le Ciel honoraient ta beauté,
La Parque t'a tuée, et cendre tu reposes.

Pour obsèques reçois mes larmes et mes pleurs,
Ce vase plein de lait, ce panier plein de fleurs,
Afin que vif et mort ton corps ne soit que roses.

(*Sur la mort de Marie*, 1578)

Les amants de Montmorency

Élévation

I

Étaient-ils malheureux, Esprits qui le savez !
Dans les trois derniers jours qu'ils s'étaient réservés ?
Vous les vîtes partir tous deux, l'un jeune et grave,
L'autre joyeuse et jeune. Insouciante esclave,
Suspendue au bras droit de son rêveur amant
Comme à l'autel un vase attaché mollement,
Balancée, en marchant, sur sa flexible épaule
Comme la harpe juive à la branche du saule,
Riant, les yeux en l'air, et la main dans sa main,
Elle allait, en comptant les arbres du chemin,
Pour cueillir une fleur demeurait en arrière,
Puis revenait à lui, courant dans la poussière,
L'arrêtait par l'habit pour l'embrasser, posait
Un œillet sur sa tête, et chantait, et jasait
Sur les passants nombreux, sur la riche vallée
Comme un large tapis à ses pieds étalée ;
Beau tapis de velours chatoyant et changeant
Semé de clochers d'or et de maisons d'argent,
Tout pareils aux jouets qu'aux enfants on achète
Et qu'au hasard, pour eux, par la chambre l'on jette :
Ainsi, pour lui complaire, on avait sous ses pieds
Répandu des bijoux brillants, multipliés
En forme de troupeaux, de village aux toits roses
Ou bleus, d'arbres rangés, de fleurs sous l'onde écloses,
De murs blancs, de bosquets bien noirs, de lacs bien verts
Et de chênes tordus, par la poitrine ouverts.

Elle voyait ainsi tout préparé pour elle :
Enfant, elle jouait en marchant, toute belle,
Toute blonde, amoureuse et fière ; et c'est ainsi
Qu'ils allèrent à pied jusqu'à Montmorency.

II

Ils passèrent deux jours d'amour et d'harmonie,
De chants et de baisers, de voix, de lèvre unie,
De regards confondus, de soupirs bienheureux,
Qui furent deux moments et deux siècles pour eux.
La nuit, on entendait leurs chants ; dans la journée,
Leur sommeil : tant leur âme était abandonnée
Aux caprices divins du désir ! Leurs repas
Étaient rares, distraits ; ils ne les voyaient pas.
Ils allaient, ils allaient au hasard et sans heures,
Passant des champs aux bois, et des bois aux demeures,
Se regardant toujours, laissant les airs chantés
Mourir, et tout à coup restaient comme enchantés.
L'extase avait fini par éblouir leur âme
Comme seraient nos yeux éblouis par la flamme.
Troublés, ils chancelaient, et, le troisième soir,
Ils étaient enivrés jusques à ne rien voir
Que les feux mutuels de leurs yeux. La Nature
Étalait vainement sa confuse peinture
Autour du front aimé, derrière les cheveux
Que leurs yeux noirs voyaient tracés dans leurs yeux bleus.
Ils tombèrent assis, sous des arbres ; peut-être...
Ils ne le savaient pas ; le soleil allait naître
Ou s'éteindre... Ils voyaient seulement que le jour
Était pâle, et l'air doux, et le monde en amour...
Un bourdonnement faible emplissait leur oreille
D'une musique vague, au bruit des mers pareille,
Et formant des propos tendres, légers, confus,
Que tous deux entendaient, et qu'on n'entendra plus ;
Le vent léger disait de la voix la plus douce :
« Quand l'amour m'a troublé, je gémis sous la mousse. »
Les mélèzes touffus s'agitaient en disant :
« Secouons dans les airs le parfum séduisant
Du soir, car le parfum est le secret langage

Que l'amour enflammé fait sortir du feuillage. »
Le soleil incliné sur les monts dit encor :
« Par mes flots de lumière et par mes gerbes d'or
Je réponds en élans aux élans de votre âme ;
Pour exprimer l'amour, mon langage est la flamme. »
Et les fleurs exhalaient de suaves odeurs
Autant que les rayons de suaves ardeurs ;
Et l'on eût dit des voix timides et flûtées
Qui sortaient à la fois des feuilles veloutées ;
Et, comme un seul accord d'accents harmonieux,
Tout semblait s'élever en chœur jusques aux cieux ;
Et ces voix s'éloignaient, en rasant les campagnes,
Dans les enfoncements magiques des montagnes ;
Et la terre, sous eux, palpitait mollement
Comme le flot des mers ou le cœur d'un amant ;
Et tout ce qui vivait, par un hymne suprême
Accompagnait leurs voix qui se disaient : « Je t'aime ! »

III

Or, c'était pour mourir qu'ils étaient venus là.
Lequel des deux enfants le premier en parla ?
Comment dans leurs baisers vint la mort ? Quelle balle
Traversa les deux cœurs d'une atteinte inégale
Mais sûre ? Quels adieux leurs lèvres s'unissant
Laissèrent s'écouler avec ? l'âme et le sang ?
Qui le saurait ? Heureux celui dont l'agonie
Fut dans les bras chéris avant l'autre finie !
Heureux si nul des deux ne s'est plaint de souffrir !
Si nul des deux n'a dit : « *Qu'on a peine à mourir !* »
Si nul des deux n'a fait, pour se lever et vivre,
Quelque effort en fuyant celui qu'il devait suivre ;
Et, reniant sa mort, par le mal égaré,
N'a repoussé du bras l'homicide adoré !
Heureux l'homme surtout, s'il a rendu son âme
Sans avoir entendu ces angoisses de femme,
Ces longs pleurs, ces sanglots, ces cris perçants et doux
Qu'on apaise en ses bras ou sur ses deux genoux
Pour un chagrin ; mais qui, si la mort les arrache,
Font que l'on tord ses bras, qu'on blasphème, qu'on cache

Dans ses mains son front pâle et son cœur gros de fiel,
Et qu'on se prend du sang pour le jeter au ciel !
Mais qui saura leur fin ? –
                                    Sur les pauvres murailles
D'une auberge, où depuis on fit leurs funérailles,
Auberge où, pour une heure, ils vinrent se poser
Ployant l'aile à l'abri pour toujours reposer,
Sur un vieux papier jaune, ordinaire tenture,
Nous avons lu des vers d'une double écriture,
Des vers de fou, sans rime et sans mesure. – Un mot
Qui n'avait pas de suite était tout seul en haut :
Demande sans réponse, énigme inextricable,
Question sur la mort. – Trois noms, sur une table,
Profondément gravés au couteau. – C'était d'eux
Tout ce qui demeurait... et le récit joyeux
D'une fille au bras rouge. « Ils n'avaient, disait-elle,
Rien oublié. » La bonne eut quelque bagatelle
Qu'elle montre en suivant leurs traces, pas à pas.
– Et Dieu ? – Tel est le siècle, ils n'y pensèrent pas.

Écrit à Montmorency, le 27 avril 1830.

(*Poèmes antiques et modernes*, 1837)

GÉRARD DE NERVAL (1808-1855)

El Desdichado

Je suis le ténébreux, – le veuf, – l'inconsolé,
Le prince d'Aquitaine à la tour abolie :
Ma seule *étoile* est morte, – et mon luth constellé
Porte le *soleil* noir de la *Mélancolie*.

Dans la nuit du tombeau, toi qui m'as consolé,
Rends-moi le Pausilippe et la mer d'Italie,
La *fleur* qui plaisait tant à mon cœur désolé,
Et la treille où le pampre à la rose s'allie.

Suis-je Amour ou Phébus ?... Lusignan ou Biron ?
Mon front est rouge encor du baiser de la reine ;
J'ai rêvé dans la grotte où nage la sirène...

Et j'ai deux fois vainqueur traversé l'Achéron :
Modulant tour à tour sur la lyre d'Orphée
Les soupirs de la sainte et les cris de la fée.

(*Les Chimères*, 1854)

Christine

Une étoile d'or là-bas illumine
Le bleu de la nuit, derrière les monts.
La lune blanchit la verte colline :
— Pourquoi pleures-tu, petite Christine ?
Il est tard, dormons.

— Mon fiancé dort sous la noire terre,
Dans la froide tombe il rêve de nous.
Laissez-moi pleurer, ma peine est amère
Laissez-moi gémir et veiller, ma mère :
Les pleurs me sont doux.

La mère repose, et Christine pleure,
Immobile auprès de l'âtre noirci.
Au long tintement de la douzième heure,
Un doigt léger frappe à l'humble demeure :
— Qui donc vient ici ?

— Tire le verrou, Christine, ouvre vite :
C'est ton jeune ami, c'est ton fiancé.
Un suaire étroit à peine m'abrite ;
J'ai quitté pour toi, ma chère petite,
Mon tombeau glacé.

Et cœur contre cœur tous deux ils s'unissent.
Chaque baiser dure une éternité :
Les baisers d'amour jamais ne finissent.
Ils causent longtemps, mais les heures glissent,
Le coq a chanté.

Le coq a chanté, voici l'aube claire
L'étoile s'éteint, le ciel est d'argent.
— Adieu, mon amour, souviens-toi, ma chère !
Les morts vont rentrer dans la noire terre,
Jusqu'au jugement.

— Ô mon fiancé, souffres-tu, dit-elle,
Quand le vent d'hiver gémit dans les bois,
Quand la froide pluie aux tombeaux ruisselle ?
Pauvre ami, couché dans l'ombre éternelle,
Entends-tu ma voix ?

— Au rire joyeux de ta lèvre rose,
Mieux qu'au soleil d'or le pré rougissant,
Mon cercueil s'emplit de feuilles de rose ;
Mais tes pleurs amers dans ma tombe close
Font pleuvoir du sang.

Ne pleure jamais ! Ici-bas tout cesse,
Mais le vrai bonheur nous attend au ciel.
Si tu m'as aimé, garde ma promesse :
Dieu nous rendra tout, amour et jeunesse,
Au jour éternel.

— Non ! je t'ai donné ma foi virginale ;
Pour me suivre aussi, ne mourrais-tu pas ?
Non ! je veux dormir ma nuit nuptiale,
Blanche, à tes côtés, sous la lune pâle,
Morte entre tes bras !

Lui ne répond rien. Il marche et la guide.
À l'horizon bleu le soleil paraît.
Ils hâtent alors leur course rapide,
Et vont, traversant sur la mousse humide
La longue forêt.

Voici les pins noirs du vieux cimetière.
— Adieu, quitte-moi, reprends ton chemin ;
Mon unique amour, entends ma prière !
Mais elle au tombeau descend la première,
Et lui tend la main.

Et, depuis ce jour, sous la croix de cuivre,
Dans la même tombe ils dorment tous deux.
Ô sommeil divin dont le charme enivre !
Ils aiment toujours. Heureux qui peut vivre
Et mourir comme eux !

(*Poèmes barbares*, 1862)

CHARLES BAUDELAIRE (1821-1867)

La mort des amants

Nous aurons des lits pleins d'odeurs légères,
Des divans profonds comme des tombeaux,
Et d'étranges fleurs sur des étagères,
Écloses pour nous sous des cieux plus beaux.

Usant à l'envi leurs chaleurs dernières,
Nos deux cœurs seront deux vastes flambeaux,
Qui réfléchiront leurs doubles lumières
Dans nos deux esprits, ces miroirs jumeaux.

Un soir fait de rose et de bleu mystique,
Nous échangerons un éclair unique,
Comme un long sanglot, tout chargé d'adieux ;

Et plus tard un Ange, entr'ouvrant les portes,
Viendra ranimer, fidèle et joyeux,
Les miroirs ternis et les flammes mortes.

(Les Fleurs du mal, 1857)

7

Les amours éternelles

Aimer toute une vie...

JEAN RACINE (1639-1699)

Stances à Parthénice

Parthénice, il n'est rien qui résiste à tes charmes :
Ton empire est égal à l'empire des Dieux ;
Et qui pourrait te voir sans te rendre les armes,
Ou bien serait sans âme, ou bien serait sans yeux.

Pour moi, je l'avoûrai, sitôt que je t'ai vue,
Je ne résistai point, je me rendis à toi :
Mes sens furent charmés, ma raison fut vaincue,
Et mon cœur tout entier se rangea sous ta loi.

Je vis sans déplaisir ma franchise asservie ;
Sa perte n'eut pour moi rien de rude et d'affreux ;
J'en perdis tout ensemble et l'usage et l'envie :
Je me sentis esclave, et je me crus heureux.

Je vis que tes beautés n'avaient pas de pareilles :
Tes yeux par leur éclat éblouissaient les miens ;
La douceur de ta voix enchanta mes oreilles ;
Les nœuds de tes cheveux devinrent mes liens.

Je ne m'arrêtai pas à ces beautés sensibles,
Je découvris en toi de plus rares trésors ;
Je vis et j'admirai les beautés invisibles
Qui rendent ton esprit aussi beau que ton corps ?

Ce fut lors que voyant ton mérite adorable,
Je sentis tous mes sens t'adorer tour à tour :
Je ne voyais en toi qui ne fût aimable,
Je ne sentais en moi rien qui ne fût amour.

Ainsi je fis d'aimer l'heureux apprentissage ;
Je m'y suis plus depuis, j'en aime la douceur ;
J'ai toujours dans l'esprit tes yeux et ton visage,
J'ai toujours Parthénice au milieu de mon cœur.

Oui, depuis que tes yeux allumèrent ma flamme,
Je respire bien moins en moi-même qu'en toi :
L'amour me semble avoir pris la place de mon âme,
Et je ne vivrais plus, s'il n'était plus en moi.

Vous qui n'avez point vu l'illustre Parthénice,
Bois, fontaines, rochers, agréable séjour,
Souffrez que jusqu'ici son beau nom retentisse,
Et n'oubliez jamais sa gloire et mon amour.

(Poésies lyriques)

Marceline Desbordes-Valmore (1786-1859)

Élégie

J'étais à toi peut-être avant de t'avoir vu.
Ma vie, en se formant, fut promise à la tienne ;
Ton nom m'en avertit par un trouble imprévu ;
Ton âme s'y cachait pour éveiller la mienne.
Je l'entendis un jour et je perdis la voix ;
Je l'écoutai longtemps, j'oubliai de répondre ;
Mon être avec le tien venait de se confondre :

Je crus qu'on m'appelait pour la première fois.
Savais-tu ce prodige ? Eh bien ! sans te connaître,
J'ai deviné par lui mon amant et mon maître,
Et je le reconnus dans tes premiers accents,
Quand tu vins éclairer mes beaux jours languissants.
Ta voix me fit pâlir, et mes yeux se baissèrent.
Dans un regard muet nos âmes s'embrassèrent ;
Au fond de ce regard ton nom se révéla,
Et sans le demander j'avais dit : « Le voilà ! »
Dès lors il ressaisit mon oreille étonnée ;
Elle y devint soumise, elle y fut enchaînée.
J'exprimais par lui seul mes plus doux sentiments ;
Je l'unissais au mien pour signer mes serments.
Je le lisais partout, ce nom rempli de charmes,
        Et je versais des larmes.
D'un éloge enchanteur toujours environné,
À mes yeux éblouis il s'offrait couronné.
Je l'écrivais... bientôt je n'osai plus l'écrire,
Et mon timide amour le changeait en sourire.
Il me cherchait la nuit, il berçait mon sommeil,
Il résonnait encore autour de mon réveil :
Il errait dans mon souffle, et, lorsque je soupire,

C'est lui qui me caresse et que mon cœur respire.
Nom chéri ! nom charmant ! oracle de mon sort !
Hélas ! que tu me plais, que ta grâce me touche !
Tu m'annonças la vie, et, mêlé dans la mort,
Comme un dernier baiser tu fermeras ma bouche.

(*Idylles et Élégies*, 1819-1833)

ALPHONSE DE LAMARTINE (1790-1869)

Chant d'amour VI

Un jour, le temps jaloux, d'une haleine glacée,
Fanera tes couleurs comme une fleur passée
      Sur ces lits de gazon ;
Et sa main flétrira sur tes charmantes lèvres
Ces rapides baisers, hélas ! dont tu me sèvres
      Dans leur fraîche saison.

Mais quand tes yeux, voilés d'un nuage de larmes,
De ces jours écoulés qui t'ont ravi tes charmes
      Pleureront la rigueur ;
Quand dans ton souvenir, dans l'onde du rivage
Tu chercheras en vain ta ravissante image,
      Regarde dans mon cœur.

Là, ta beauté fleurit pour des siècles sans nombre ;
Là, ton doux souvenir veille à jamais à l'ombre
      De ma fidélité.
Comme une lampe d'or dont une vierge sainte
Protège avec la main, en traversant l'enceinte,
      La tremblante clarté.

Et quand la mort viendra, d'un autre amour suivie,
Éteindre en souriant de notre double vie
      L'un et l'autre flambeau,
Qu'elle étende ma couche à côté de la tienne,
Et que ta main fidèle embrasse encor la mienne
      Dans le lit du tombeau !

Ou plutôt puissions-nous passer sur cette terre,
Comme on voit en automne un couple solitaire
        De cygnes amoureux
Partir, en s'embrassant, du nid qui les rassemble,
Et vers les doux climats qu'ils vont chercher ensemble
        S'envoler deux à deux !

(*Nouvelles Méditations poétiques*, 1823)

Victor Hugo (1802-1885)

Puisque j'ai mis ma lèvre à ta coupe encor pleine

Puisque j'ai mis ma lèvre à ta coupe encor pleine ;
Puisque j'ai dans tes mains posé mon front pâli ;
Puisque j'ai respiré parfois la douce haleine
De ton âme, parfum dans l'ombre enseveli ;

Puisqu'il me fut donné de t'entendre me dire
Les mots où se répand le cœur mystérieux ;
Puisque j'ai vu pleurer, puisque j'ai vu sourire
Ta bouche sur ma bouche et tes yeux sur mes yeux ;

Puisque j'ai vu briller sur ma tête ravie
Un rayon de ton astre, hélas ! voilé toujours ;
Puisque j'ai vu tomber dans l'onde de ma vie
Une feuille de rose arrachée à tes jours ;

Je puis maintenant dire aux rapides années :
— Passez ! passez toujours ! je n'ai plus à vieillir !
Allez-vous-en avec vos fleurs toutes fanées ;
J'ai dans l'âme une fleur que nul ne peut cueillir !

Votre aile en le heurtant ne fera rien répandre
Du vase où je m'abreuve et que j'ai bien rempli.
Mon âme a plus de feu que vous n'avez de cendre !
Mon cœur a plus d'amour que vous n'avez d'oubli !

(*Les Chants du crépuscule*, 1835)

Ton souvenir est comme un livre bien-aimé

Ton Souvenir est comme un livre bien-aimé,
Qu'on lit sans cesse, et qui jamais n'est refermé,
Un livre où l'on vit mieux sa vie, et qui vous hante
D'un rêve nostalgique, où l'âme se tourmente.
Je voudrais, convoitant l'impossible en mes vœux,
Enfermer dans un vers l'odeur de tes cheveux ;
Ciseler avec l'art patient des orfèvres
Une phrase infléchie au contour de tes lèvres ;
Emprisonner ce trouble et ces ondes d'émoi
Qu'en tombant de ton âme, un mot propage en moi ;
Dire quelle mer chante en vagues d'élégie
Au golfe de tes seins où je me réfugie ;
Dire, oh surtout ! tes yeux doux et tièdes parfois
Comme une après-midi d'automne dans les bois ;
De l'heure la plus chère enchâsser la relique,
Et, sur le piano, tel soir mélancolique,
Ressusciter l'écho presque religieux
D'un ancien baiser attardé sur tes yeux.

(Au jardin de l'infante, 1893)

Index des auteurs

Table

CATALOGUE LIBRIO (extraits)

LITTÉRATURE

Librio

695

Composition PCA – 44400 Rezé
Achevé d'imprimer en France (Ligugé) par Aubin
en avril 2005 pour le compte de E.J.L.
84, rue de Grenelle, 75007 Paris
Dépôt légal avril 2005

Diffusion France et étranger : Flammarion